Passwords
Notebook

This notebook belongs to :

_ _ _ _ _ _ _ _

_ _ _ _ _ _ _ _

★ ★ ★ ★

Web Site / Pc / Mobile :

Login :

Password :

Email :

Notes :

★ ★ ★ ★

Web Site / Pc / Mobile :

Login :

Password :

Email :

Notes :

★ ★ ★ ★

Web Site / Pc / Mobile :

Login :

Password :

Email :

Notes :

★ ★ ★ ★

Web Site / Pc / Mobile :
....

Login :
....

Password :
....

Email :
....

Notes :
....

....

★ ★ ★ ★

Web Site / Pc / Mobile :
....

Login :
....

Password :
....

Email :
....

Notes :
....

....

★ ★ ★ ★

Web Site / Pc / Mobile :
....

Login :
....

Password :
....

Email :
....

Notes :
....

....

A

★ ★ ★ ★

Web Site / Pc / Mobile :

Login :

Password :

Email :

Notes :

★ ★ ★ ★

Web Site / Pc / Mobile :

Login :

Password :

Email :

Notes :

★ ★ ★ ★

Web Site / Pc / Mobile :

Login :

Password :

Email :

Notes :

★ ★ ★ ★

Web Site / Pc / Mobile :
....

Login :
....

Password :
....

Email :
....

Notes :
....

....

★ ★ ★ ★

Web Site / Pc / Mobile :
....

Login :
....

Password :
....

Email :
....

Notes :
....

....

★ ★ ★ ★

Web Site / Pc / Mobile :
....

Login :
....

Password :
....

Email :
....

Notes :
....

....

B

★ ★ ★ ★

Web Site / Pc / Mobile :
....

Login :
....

Password :
....

Email :
....

Notes :
....

....

★ ★ ★ ★

Web Site / Pc / Mobile :
....

Login :
....

Password :
....

Email :
....

Notes :
....

....

★ ★ ★ ★

Web Site / Pc / Mobile :
....

Login :
....

Password :
....

Email :
....

Notes :
....

....

★ ★ ★ ★

Web Site / Pc / Mobile :

Login :

Password :

Email :

Notes :

★ ★ ★ ★

Web Site / Pc / Mobile :

Login :

Password :

Email :

Notes :

★ ★ ★ ★

Web Site / Pc / Mobile :

Login :

Password :

Email :

Notes :

B

★ ★ ★ ★

Web Site / Pc / Mobile :
....

Login :
....

Password :
....

Email :
....

Notes :
....

....

★ ★ ★ ★

Web Site / Pc / Mobile :
....

Login :
....

Password :
....

Email :
....

Notes :
....

....

★ ★ ★ ★

Web Site / Pc / Mobile :
....

Login :
....

Password :
....

Email :
....

Notes :
....

....

★ ★ ★ ★

Web Site / Pc / Mobile :

Login :

Password :

Email :

Notes :

★ ★ ★ ★

Web Site / Pc / Mobile :

Login :

Password :

Email :

Notes :

★ ★ ★ ★

Web Site / Pc / Mobile :

Login :

Password :

Email :

Notes :

★ ★ ★ ★

Web Site / Pc / Mobile :
....

Login :
....

Password :
....

Email :
....

Notes :
....

....

★ ★ ★ ★

Web Site / Pc / Mobile :
....

Login :
....

Password :
....

Email :
....

Notes :
....

....

★ ★ ★ ★

Web Site / Pc / Mobile :
....

Login :
....

Password :
....

Email :
....

Notes :
....

....

★ ★ ★ ★

Web Site / Pc / Mobile :
....

Login :
....

Password :
....

Email :
....

Notes :
....

....

★ ★ ★ ★

Web Site / Pc / Mobile :
....

Login :
....

Password :
....

Email :
....

Notes :
....

....

★ ★ ★ ★

Web Site / Pc / Mobile :
....

Login :
....

Password :
....

Email :
....

Notes :
....

....

C

★ ★ ★ ★

Web Site / Pc / Mobile :
....

Login :
....

Password :
....

Email :
....

Notes :
....

....

★ ★ ★ ★

Web Site / Pc / Mobile :
....

Login :
....

Password :
....

Email :
....

Notes :
....

....

★ ★ ★ ★

Web Site / Pc / Mobile :
....

Login :
....

Password :
....

Email :
....

Notes :
....

....

★ ★ ★ ★

Web Site / Pc / Mobile :
....

Login :
....

Password :
....

Email :
....

Notes :
....

....

★ ★ ★ ★

Web Site / Pc / Mobile :
....

Login :
....

Password :
....

Email :
....

Notes :
....

....

★ ★ ★ ★

Web Site / Pc / Mobile :
....

Login :
....

Password :
....

Email :
....

Notes :
....

....

★ ★ ★ ★

Web Site / Pc / Mobile :

Login :

Password :

Email :

Notes :

★ ★ ★ ★

Web Site / Pc / Mobile :

Login :

Password :

Email :

Notes :

★ ★ ★ ★

Web Site / Pc / Mobile :

Login :

Password :

Email :

Notes :

★ ★ ★ ★

Web Site / Pc / Mobile : ....

Login : ....

Password : ....

Email : ....

Notes : ....

....

★ ★ ★ ★

Web Site / Pc / Mobile : ....

Login : ....

Password : ....

Email : ....

Notes : ....

....

★ ★ ★ ★

Web Site / Pc / Mobile : ....

Login : ....

Password : ....

Email : ....

Notes : ....

....

D

★ ★ ★ ★

Web Site / Pc / Mobile :
....

Login :
....

Password :
....

Email :
....

Notes :
....

....

★ ★ ★ ★

Web Site / Pc / Mobile :
....

Login :
....

Password :
....

Email :
....

Notes :
....

....

★ ★ ★ ★

Web Site / Pc / Mobile :
....

Login :
....

Password :
....

Email :
....

Notes :
....

....

D

★ ★ ★ ★

Web Site / Pc / Mobile :

Login :

Password :

Email :

Notes :

★ ★ ★ ★

Web Site / Pc / Mobile :

Login :

Password :

Email :

Notes :

★ ★ ★ ★

Web Site / Pc / Mobile :

Login :

Password :

Email :

Notes :

E

★ ★ ★ ★

Web Site / Pc / Mobile :
....

Login :
....

Password :
....

Email :
....

Notes :
....

....

★ ★ ★ ★

Web Site / Pc / Mobile :
....

Login :
....

Password :
....

Email :
....

Notes :
....

....

★ ★ ★ ★

Web Site / Pc / Mobile :
....

Login :
....

Password :
....

Email :
....

Notes :
....

....

★ ★ ★ ★

Web Site / Pc / Mobile :

Login :

Password :

Email :

Notes :

★ ★ ★ ★

Web Site / Pc / Mobile :

Login :

Password :

Email :

Notes :

★ ★ ★ ★

Web Site / Pc / Mobile :

Login :

Password :

Email :

Notes :

★ ★ ★ ★

Web Site / Pc / Mobile :

Login :

Password :

Email :

Notes :

★ ★ ★ ★

Web Site / Pc / Mobile :

Login :

Password :

Email :

Notes :

★ ★ ★ ★

Web Site / Pc / Mobile :

Login :

Password :

Email :

Notes :

★ ★ ★ ★

Web Site / Pc / Mobile :
....

Login :
....

Password :
....

Email :
....

Notes :
....

....

★ ★ ★ ★

Web Site / Pc / Mobile :
....

Login :
....

Password :
....

Email :
....

Notes :
....

....

★ ★ ★ ★

Web Site / Pc / Mobile :
....

Login :
....

Password :
....

Email :
....

Notes :
....

....

F

★ ★ ★ ★

Web Site / Pc / Mobile :

Login :

Password :

Email :

Notes :

★ ★ ★ ★

Web Site / Pc / Mobile :

Login :

Password :

Email :

Notes :

★ ★ ★ ★

Web Site / Pc / Mobile :

Login :

Password :

Email :

Notes :

★ ★ ★ ★

Web Site / Pc / Mobile :

Login :

Password :

Email :

Notes :

★ ★ ★ ★

Web Site / Pc / Mobile :

Login :

Password :

Email :

Notes :

★ ★ ★ ★

Web Site / Pc / Mobile :

Login :

Password :

Email :

Notes :

F

★ ★ ★ ★

Web Site / Pc / Mobile :

Login :

Password :

Email :

Notes :

★ ★ ★ ★

Web Site / Pc / Mobile :

Login :

Password :

Email :

Notes :

★ ★ ★ ★

Web Site / Pc / Mobile :

Login :

Password :

Email :

Notes :

★ ★ ★ ★

Web Site / Pc / Mobile :

Login :

Password :

Email :

Notes :

★ ★ ★ ★

Web Site / Pc / Mobile :

Login :

Password :

Email :

Notes :

★ ★ ★ ★

Web Site / Pc / Mobile :

Login :

Password :

Email :

Notes :

G

★ ★ ★ ★

Web Site / Pc / Mobile :

Login :

Password :

Email :

Notes :

★ ★ ★ ★

Web Site / Pc / Mobile :

Login :

Password :

Email :

Notes :

★ ★ ★ ★

Web Site / Pc / Mobile :

Login :

Password :

Email :

Notes :

★ ★ ★ ★

Web Site / Pc / Mobile :

Login :

Password :

Email :

Notes :

★ ★ ★ ★

Web Site / Pc / Mobile :

Login :

Password :

Email :

Notes :

★ ★ ★ ★

Web Site / Pc / Mobile :

Login :

Password :

Email :

Notes :

★ ★ ★ ★

Web Site / Pc / Mobile :
....

Login :
....

Password :
....

Email :
....

Notes :
....

....

★ ★ ★ ★

Web Site / Pc / Mobile :
....

Login :
....

Password :
....

Email :
....

Notes :
....

....

★ ★ ★ ★

Web Site / Pc / Mobile :
....

Login :
....

Password :
....

Email :
....

Notes :
....

....

★ ★ ★ ★

Web Site / Pc / Mobile :

Login :

Password :

Email :

Notes :

★ ★ ★ ★

Web Site / Pc / Mobile :

Login :

Password :

Email :

Notes :

★ ★ ★ ★

Web Site / Pc / Mobile :

Login :

Password :

Email :

Notes :

★ ★ ★ ★

Web Site / Pc / Mobile :
....

Login :
....

Password :
....

Email :
....

Notes :
....

....

★ ★ ★ ★

Web Site / Pc / Mobile :
....

Login :
....

Password :
....

Email :
....

Notes :
....

....

★ ★ ★ ★

Web Site / Pc / Mobile :
....

Login :
....

Password :
....

Email :
....

Notes :
....

....

★ ★ ★ ★

Web Site / Pc / Mobile :
....

Login :
....

Password :
....

Email :
....

Notes :
....

....

★ ★ ★ ★

Web Site / Pc / Mobile :
....

Login :
....

Password :
....

Email :
....

Notes :
....

....

★ ★ ★ ★

Web Site / Pc / Mobile :
....

Login :
....

Password :
....

Email :
....

Notes :
....

....

H

★ ★ ★ ★

Web Site / Pc / Mobile :
....

Login :
....

Password :
....

Email :
....

Notes :
....

....

★ ★ ★ ★

Web Site / Pc / Mobile :
....

Login :
....

Password :
....

Email :
....

Notes :
....

....

★ ★ ★ ★

Web Site / Pc / Mobile :
....

Login :
....

Password :
....

Email :
....

Notes :
....

....

★ ★ ★ ★

Web Site / Pc / Mobile :

Login :

Password :

Email :

Notes :

★ ★ ★ ★

Web Site / Pc / Mobile :

Login :

Password :

Email :

Notes :

★ ★ ★ ★

Web Site / Pc / Mobile :

Login :

Password :

Email :

Notes :

Web Site / Pc / Mobile :
....

Login :
....

Password :
....

Email :
....

Notes :
....

....

Web Site / Pc / Mobile :
....

Login :
....

Password :
....

Email :
....

Notes :
....

....

Web Site / Pc / Mobile :
....

Login :
....

Password :
....

Email :
....

Notes :
....

....

★ ★ ★ ★

Web Site / Pc / Mobile :

Login :

Password :

Email :

Notes :

★ ★ ★ ★

Web Site / Pc / Mobile :

Login :

Password :

Email :

Notes :

★ ★ ★ ★

Web Site / Pc / Mobile :

Login :

Password :

Email :

Notes :

★ ★ ★ ★

Web Site / Pc / Mobile :

Login :

Password :

Email :

Notes :

★ ★ ★ ★

Web Site / Pc / Mobile :

Login :

Password :

Email :

Notes :

★ ★ ★ ★

Web Site / Pc / Mobile :

Login :

Password :

Email :

Notes :

★ ★ ★ ★

Web Site / Pc / Mobile :
....

Login :
....

Password :
....

Email :
....

Notes :
....

....

★ ★ ★ ★

Web Site / Pc / Mobile :
....

Login :
....

Password :
....

Email :
....

Notes :
....

....

★ ★ ★ ★

Web Site / Pc / Mobile :
....

Login :
....

Password :
....

Email :
....

Notes :
....

....

J

★ ★ ★ ★

Web Site / Pc / Mobile :

Login :

Password :

Email :

Notes :

★ ★ ★ ★

Web Site / Pc / Mobile :

Login :

Password :

Email :

Notes :

★ ★ ★ ★

Web Site / Pc / Mobile :

Login :

Password :

Email :

Notes :

★ ★ ★ ★

Web Site / Pc / Mobile :
....

Login :
....

Password :
....

Email :
....

Notes :
....

....

★ ★ ★ ★

Web Site / Pc / Mobile :
....

Login :
....

Password :
....

Email :
....

Notes :
....

....

★ ★ ★ ★

Web Site / Pc / Mobile :
....

Login :
....

Password :
....

Email :
....

Notes :
....

....

J

★ ★ ★ ★

Web Site / Pc / Mobile :

Login :

Password :

Email :

Notes :

★ ★ ★ ★

Web Site / Pc / Mobile :

Login :

Password :

Email :

Notes :

★ ★ ★ ★

Web Site / Pc / Mobile :

Login :

Password :

Email :

Notes :

★ ★ ★ ★

Web Site / Pc / Mobile :
....

Login :
....

Password :
....

Email :
....

Notes :
....

....

★ ★ ★ ★

Web Site / Pc / Mobile :
....

Login :
....

Password :
....

Email :
....

Notes :
....

....

★ ★ ★ ★

Web Site / Pc / Mobile :
....

Login :
....

Password :
....

Email :
....

Notes :
....

....

K

★ ★ ★ ★

Web Site / Pc / Mobile :
....

Login :
....

Password :
....

Email :
....

Notes :
....

....

★ ★ ★ ★

Web Site / Pc / Mobile :
....

Login :
....

Password :
....

Email :
....

Notes :
....

....

★ ★ ★ ★

Web Site / Pc / Mobile :
....

Login :
....

Password :
....

Email :
....

Notes :
....

....

★ ★ ★ ★

Web Site / Pc / Mobile :
....

Login :
....

Password :
....

Email :
....

Notes :
....

....

★ ★ ★ ★

Web Site / Pc / Mobile :
....

Login :
....

Password :
....

Email :
....

Notes :
....

....

★ ★ ★ ★

Web Site / Pc / Mobile :
....

Login :
....

Password :
....

Email :
....

Notes :
....

....

K

★ ★ ★ ★

Web Site / Pc / Mobile :

Login :

Password :

Email :

Notes :

★ ★ ★ ★

Web Site / Pc / Mobile :

Login :

Password :

Email :

Notes :

★ ★ ★ ★

Web Site / Pc / Mobile :

Login :

Password :

Email :

Notes :

★ ★ ★ ★

Web Site / Pc / Mobile :

Login :

Password :

Email :

Notes :

★ ★ ★ ★

Web Site / Pc / Mobile :

Login :

Password :

Email :

Notes :

★ ★ ★ ★

Web Site / Pc / Mobile :

Login :

Password :

Email :

Notes :

L

★ ★ ★ ★

Web Site / Pc / Mobile :

Login :

Password :

Email :

Notes :

★ ★ ★ ★

Web Site / Pc / Mobile :

Login :

Password :

Email :

Notes :

★ ★ ★ ★

Web Site / Pc / Mobile :

Login :

Password :

Email :

Notes :

★ ★ ★ ★

Web Site / Pc / Mobile :
....
Login :
....
Password :
....
Email :
....
Notes :
....
....

★ ★ ★ ★

Web Site / Pc / Mobile :
....
Login :
....
Password :
....
Email :
....
Notes :
....
....

★ ★ ★ ★

Web Site / Pc / Mobile :
....
Login :
....
Password :
....
Email :
....
Notes :
....
....

★ ★ ★ ★

Web Site / Pc / Mobile :

Login :

Password :

Email :

Notes :

★ ★ ★ ★

Web Site / Pc / Mobile :

Login :

Password :

Email :

Notes :

★ ★ ★ ★

Web Site / Pc / Mobile :

Login :

Password :

Email :

Notes :

★ ★ ★ ★

Web Site / Pc / Mobile :

Login :

Password :

Email :

Notes :

★ ★ ★ ★

Web Site / Pc / Mobile :

Login :

Password :

Email :

Notes :

★ ★ ★ ★

Web Site / Pc / Mobile :

Login :

Password :

Email :

Notes :

M

★ ★ ★ ★

Web Site / Pc / Mobile :
....

Login :
....

Password :
....

Email :
....

Notes :
....

....

★ ★ ★ ★

Web Site / Pc / Mobile :
....

Login :
....

Password :
....

Email :
....

Notes :
....

....

★ ★ ★ ★

Web Site / Pc / Mobile :
....

Login :
....

Password :
....

Email :
....

Notes :
....

....

★ ★ ★ ★

Web Site / Pc / Mobile :

Login :

Password :

Email :

Notes :

★ ★ ★ ★

Web Site / Pc / Mobile :

Login :

Password :

Email :

Notes :

★ ★ ★ ★

Web Site / Pc / Mobile :

Login :

Password :

Email :

Notes :

M

★ ★ ★ ★

Web Site / Pc / Mobile :
....

Login :
....

Password :
....

Email :
....

Notes :
....

....

★ ★ ★ ★

Web Site / Pc / Mobile :
....

Login :
....

Password :
....

Email :
....

Notes :
....

....

★ ★ ★ ★

Web Site / Pc / Mobile :
....

Login :
....

Password :
....

Email :
....

Notes :
....

....

★ ★ ★ ★

Web Site / Pc / Mobile :

Login :

Password :

Email :

Notes :

★ ★ ★ ★

Web Site / Pc / Mobile :

Login :

Password :

Email :

Notes :

★ ★ ★ ★

Web Site / Pc / Mobile :

Login :

Password :

Email :

Notes :

★ ★ ★ ★

Web Site / Pc / Mobile :
....

Login :
....

Password :
....

Email :
....

Notes :
....

....

★ ★ ★ ★

Web Site / Pc / Mobile :
....

Login :
....

Password :
....

Email :
....

Notes :
....

....

★ ★ ★ ★

Web Site / Pc / Mobile :
....

Login :
....

Password :
....

Email :
....

Notes :
....

....

★ ★ ★ ★

Web Site / Pc / Mobile :
....

Login :
....

Password :
....

Email :
....

Notes :
....

....

★ ★ ★ ★

Web Site / Pc / Mobile :
....

Login :
....

Password :
....

Email :
....

Notes :
....

....

★ ★ ★ ★

Web Site / Pc / Mobile :
....

Login :
....

Password :
....

Email :
....

Notes :
....

....

★ ★ ★ ★

Web Site / Pc / Mobile :
....

Login :
....

Password :
....

Email :
....

Notes :
....

....

★ ★ ★ ★

Web Site / Pc / Mobile :
....

Login :
....

Password :
....

Email :
....

Notes :
....

....

★ ★ ★ ★

Web Site / Pc / Mobile :
....

Login :
....

Password :
....

Email :
....

Notes :
....

....

★ ★ ★ ★

Web Site / Pc / Mobile :

Login :

Password :

Email :

Notes :

★ ★ ★ ★

Web Site / Pc / Mobile :

Login :

Password :

Email :

Notes :

★ ★ ★ ★

Web Site / Pc / Mobile :

Login :

Password :

Email :

Notes :

O

★ ★ ★ ★

Web Site / Pc / Mobile :
....

Login :
....

Password :
....

Email :
....

Notes :
....

....

★ ★ ★ ★

Web Site / Pc / Mobile :
....

Login :
....

Password :
....

Email :
....

Notes :
....

....

★ ★ ★ ★

Web Site / Pc / Mobile :
....

Login :
....

Password :
....

Email :
....

Notes :
....

....

★ ★ ★ ★

Web Site / Pc / Mobile :
....

Login :
....

Password :
....

Email :
....

Notes :
....

....

★ ★ ★ ★

Web Site / Pc / Mobile :
....

Login :
....

Password :
....

Email :
....

Notes :
....

....

★ ★ ★ ★

Web Site / Pc / Mobile :
....

Login :
....

Password :
....

Email :
....

Notes :
....

....

O

★ ★ ★ ★

Web Site / Pc / Mobile :
....

Login :
....

Password :
....

Email :
....

Notes :
....

....

★ ★ ★ ★

Web Site / Pc / Mobile :
....

Login :
....

Password :
....

Email :
....

Notes :
....

....

★ ★ ★ ★

Web Site / Pc / Mobile :
....

Login :
....

Password :
....

Email :
....

Notes :
....

....

★ ★ ★ ★

Web Site / Pc / Mobile :
....

Login :
....

Password :
....

Email :
....

Notes :
....

....

★ ★ ★ ★

Web Site / Pc / Mobile :
....

Login :
....

Password :
....

Email :
....

Notes :
....

....

★ ★ ★ ★

Web Site / Pc / Mobile :
....

Login :
....

Password :
....

Email :
....

Notes :
....

....

P

★ ★ ★ ★

Web Site / Pc / Mobile : ....

Login : ....

Password : ....

Email : ....

Notes : ....

....

★ ★ ★ ★

Web Site / Pc / Mobile : ....

Login : ....

Password : ....

Email : ....

Notes : ....

....

★ ★ ★ ★

Web Site / Pc / Mobile : ....

Login : ....

Password : ....

Email : ....

Notes : ....

....

★ ★ ★ ★

Web Site / Pc / Mobile :

Login :

Password :

Email :

Notes :

★ ★ ★ ★

Web Site / Pc / Mobile :

Login :

Password :

Email :

Notes :

★ ★ ★ ★

Web Site / Pc / Mobile :

Login :

Password :

Email :

Notes :

P

★ ★ ★ ★

Web Site / Pc / Mobile :
....

Login :
....

Password :
....

Email :
....

Notes :
....

....

★ ★ ★ ★

Web Site / Pc / Mobile :
....

Login :
....

Password :
....

Email :
....

Notes :
....

....

★ ★ ★ ★

Web Site / Pc / Mobile :
....

Login :
....

Password :
....

Email :
....

Notes :
....

....

★ ★ ★ ★

Web Site / Pc / Mobile :

Login :

Password :

Email :

Notes :

★ ★ ★ ★

Web Site / Pc / Mobile :

Login :

Password :

Email :

Notes :

★ ★ ★ ★

Web Site / Pc / Mobile :

Login :

Password :

Email :

Notes :

Q

★ ★ ★ ★

Web Site / Pc / Mobile :
....

Login :
....

Password :
....

Email :
....

Notes :
....

....

★ ★ ★ ★

Web Site / Pc / Mobile :
....

Login :
....

Password :
....

Email :
....

Notes :
....

....

★ ★ ★ ★

Web Site / Pc / Mobile :
....

Login :
....

Password :
....

Email :
....

Notes :
....

....

★ ★ ★ ★

Web Site / Pc / Mobile :

Login :

Password :

Email :

Notes :

★ ★ ★ ★

Web Site / Pc / Mobile :

Login :

Password :

Email :

Notes :

★ ★ ★ ★

Web Site / Pc / Mobile :

Login :

Password :

Email :

Notes :

Q

★ ★ ★ ★

Web Site / Pc / Mobile :
....

Login :
....

Password :
....

Email :
....

Notes :
....

....

★ ★ ★ ★

Web Site / Pc / Mobile :
....

Login :
....

Password :
....

Email :
....

Notes :
....

....

★ ★ ★ ★

Web Site / Pc / Mobile :
....

Login :
....

Password :
....

Email :
....

Notes :
....

....

★ ★ ★ ★

Web Site / Pc / Mobile :
....

Login :
....

Password :
....

Email :
....

Notes :
....

....

★ ★ ★ ★

Web Site / Pc / Mobile :
....

Login :
....

Password :
....

Email :
....

Notes :
....

....

★ ★ ★ ★

Web Site / Pc / Mobile :
....

Login :
....

Password :
....

Email :
....

Notes :
....

....

R

★ ★ ★ ★

Web Site / Pc / Mobile :
....

Login :
....

Password :
....

Email :
....

Notes :
....

....

★ ★ ★ ★

Web Site / Pc / Mobile :
....

Login :
....

Password :
....

Email :
....

Notes :
....

....

★ ★ ★ ★

Web Site / Pc / Mobile :
....

Login :
....

Password :
....

Email :
....

Notes :
....

....

★ ★ ★ ★

Web Site / Pc / Mobile :
....

Login :
....

Password :
....

Email :
....

Notes :
....

....

★ ★ ★ ★

Web Site / Pc / Mobile :
....

Login :
....

Password :
....

Email :
....

Notes :
....

....

★ ★ ★ ★

Web Site / Pc / Mobile :
....

Login :
....

Password :
....

Email :
....

Notes :
....

....

R

★ ★ ★ ★

Web Site / Pc / Mobile :
....

Login :
....

Password :
....

Email :
....

Notes :
....

....

★ ★ ★ ★

Web Site / Pc / Mobile :
....

Login :
....

Password :
....

Email :
....

Notes :
....

....

★ ★ ★ ★

Web Site / Pc / Mobile :
....

Login :
....

Password :
....

Email :
....

Notes :
....

....

★ ★ ★ ★

Web Site / Pc / Mobile :

Login :

Password :

Email :

Notes :

★ ★ ★ ★

Web Site / Pc / Mobile :

Login :

Password :

Email :

Notes :

★ ★ ★ ★

Web Site / Pc / Mobile :

Login :

Password :

Email :

Notes :

★ ★ ★ ★

Web Site / Pc / Mobile :
....

Login :
....

Password :
....

Email :
....

Notes :
....

....

★ ★ ★ ★

Web Site / Pc / Mobile :
....

Login :
....

Password :
....

Email :
....

Notes :
....

....

★ ★ ★ ★

Web Site / Pc / Mobile :
....

Login :
....

Password :
....

Email :
....

Notes :
....

....

★ ★ ★ ★

Web Site / Pc / Mobile :

Login :

Password :

Email :

Notes :

★ ★ ★ ★

Web Site / Pc / Mobile :

Login :

Password :

Email :

Notes :

★ ★ ★ ★

Web Site / Pc / Mobile :

Login :

Password :

Email :

Notes :

S

★ ★ ★ ★

Web Site / Pc / Mobile :
....

Login :
....

Password :
....

Email :
....

Notes :
....

....

★ ★ ★ ★

Web Site / Pc / Mobile :
....

Login :
....

Password :
....

Email :
....

Notes :
....

....

★ ★ ★ ★

Web Site / Pc / Mobile :
....

Login :
....

Password :
....

Email :
....

Notes :
....

....

★ ★ ★ ★

Web Site / Pc / Mobile :

Login :

Password :

Email :

Notes :

★ ★ ★ ★

Web Site / Pc / Mobile :

Login :

Password :

Email :

Notes :

★ ★ ★ ★

Web Site / Pc / Mobile :

Login :

Password :

Email :

Notes :

T

★ ★ ★ ★

Web Site / Pc / Mobile :
....

Login :
....

Password :
....

Email :
....

Notes :
....

....

★ ★ ★ ★

Web Site / Pc / Mobile :
....

Login :
....

Password :
....

Email :
....

Notes :
....

....

★ ★ ★ ★

Web Site / Pc / Mobile :
....

Login :
....

Password :
....

Email :
....

Notes :
....

....

★ ★ ★ ★

Web Site / Pc / Mobile :
....

Login :
....

Password :
....

Email :
....

Notes :
....
....

★ ★ ★ ★

Web Site / Pc / Mobile :
....

Login :
....

Password :
....

Email :
....

Notes :
....
....

★ ★ ★ ★

Web Site / Pc / Mobile :
....

Login :
....

Password :
....

Email :
....

Notes :
....
....

T

★ ★ ★ ★

Web Site / Pc / Mobile : ....

Login : ....

Password : ....

Email : ....

Notes : ....

....

★ ★ ★ ★

Web Site / Pc / Mobile : ....

Login : ....

Password : ....

Email : ....

Notes : ....

....

★ ★ ★ ★

Web Site / Pc / Mobile : ....

Login : ....

Password : ....

Email : ....

Notes : ....

....

★ ★ ★ ★

Web Site / Pc / Mobile :

Login :

Password :

Email :

Notes :

★ ★ ★ ★

Web Site / Pc / Mobile :

Login :

Password :

Email :

Notes :

★ ★ ★ ★

Web Site / Pc / Mobile :

Login :

Password :

Email :

Notes :

U

★ ★ ★ ★

Web Site / Pc / Mobile :

Login :

Password :

Email :

Notes :

★ ★ ★ ★

Web Site / Pc / Mobile :

Login :

Password :

Email :

Notes :

★ ★ ★ ★

Web Site / Pc / Mobile :

Login :

Password :

Email :

Notes :

★ ★ ★ ★

Web Site / Pc / Mobile :
....

Login :
....

Password :
....

Email :
....

Notes :
....

....

★ ★ ★ ★

Web Site / Pc / Mobile :
....

Login :
....

Password :
....

Email :
....

Notes :
....

....

★ ★ ★ ★

Web Site / Pc / Mobile :
....

Login :
....

Password :
....

Email :
....

Notes :
....

....

U

★ ★ ★ ★

Web Site / Pc / Mobile :
....

Login :
....

Password :
....

Email :
....

Notes :
....

....

★ ★ ★ ★

Web Site / Pc / Mobile :
....

Login :
....

Password :
....

Email :
....

Notes :
....

....

★ ★ ★ ★

Web Site / Pc / Mobile :
....

Login :
....

Password :
....

Email :
....

Notes :
....

....

★ ★ ★ ★

Web Site / Pc / Mobile :

Login :

Password :

Email :

Notes :

★ ★ ★ ★

Web Site / Pc / Mobile :

Login :

Password :

Email :

Notes :

★ ★ ★ ★

Web Site / Pc / Mobile :

Login :

Password :

Email :

Notes :

V

★ ★ ★ ★

Web Site / Pc / Mobile :

Login :

Password :

Email :

Notes :

★ ★ ★ ★

Web Site / Pc / Mobile :

Login :

Password :

Email :

Notes :

★ ★ ★ ★

Web Site / Pc / Mobile :

Login :

Password :

Email :

Notes :

★ ★ ★ ★

Web Site / Pc / Mobile :

Login :

Password :

Email :

Notes :

★ ★ ★ ★

Web Site / Pc / Mobile :

Login :

Password :

Email :

Notes :

★ ★ ★ ★

Web Site / Pc / Mobile :

Login :

Password :

Email :

Notes :

V

★ ★ ★ ★

Web Site / Pc / Mobile :

Login :

Password :

Email :

Notes :

★ ★ ★ ★

Web Site / Pc / Mobile :

Login :

Password :

Email :

Notes :

★ ★ ★ ★

Web Site / Pc / Mobile :

Login :

Password :

Email :

Notes :

★ ★ ★ ★

Web Site / Pc / Mobile :

Login :

Password :

Email :

Notes :

★ ★ ★ ★

Web Site / Pc / Mobile :

Login :

Password :

Email :

Notes :

★ ★ ★ ★

Web Site / Pc / Mobile :

Login :

Password :

Email :

Notes :

W

★ ★ ★ ★

Web Site / Pc / Mobile :

Login :

Password :

Email :

Notes :

★ ★ ★ ★

Web Site / Pc / Mobile :

Login :

Password :

Email :

Notes :

★ ★ ★ ★

Web Site / Pc / Mobile :

Login :

Password :

Email :

Notes :

★ ★ ★ ★

Web Site / Pc / Mobile :

Login :

Password :

Email :

Notes :

★ ★ ★ ★

Web Site / Pc / Mobile :

Login :

Password :

Email :

Notes :

★ ★ ★ ★

Web Site / Pc / Mobile :

Login :

Password :

Email :

Notes :

W

★ ★ ★ ★

Web Site / Pc / Mobile :

Login :

Password :

Email :

Notes :

★ ★ ★ ★

Web Site / Pc / Mobile :

Login :

Password :

Email :

Notes :

★ ★ ★ ★

Web Site / Pc / Mobile :

Login :

Password :

Email :

Notes :

★ ★ ★ ★

Web Site / Pc / Mobile :

Login :

Password :

Email :

Notes :

★ ★ ★ ★

Web Site / Pc / Mobile :

Login :

Password :

Email :

Notes :

★ ★ ★ ★

Web Site / Pc / Mobile :

Login :

Password :

Email :

Notes :

X

★ ★ ★ ★

Web Site / Pc / Mobile :
....

Login :
....

Password :
....

Email :
....

Notes :
....

....

★ ★ ★ ★

Web Site / Pc / Mobile :
....

Login :
....

Password :
....

Email :
....

Notes :
....

....

★ ★ ★ ★

Web Site / Pc / Mobile :
....

Login :
....

Password :
....

Email :
....

Notes :
....

....

★ ★ ★ ★

Web Site / Pc / Mobile :

Login :

Password :

Email :

Notes :

★ ★ ★ ★

Web Site / Pc / Mobile :

Login :

Password :

Email :

Notes :

★ ★ ★ ★

Web Site / Pc / Mobile :

Login :

Password :

Email :

Notes :

X

★ ★ ★ ★

Web Site / Pc / Mobile :

Login :

Password :

Email :

Notes :

★ ★ ★ ★

Web Site / Pc / Mobile :

Login :

Password :

Email :

Notes :

★ ★ ★ ★

Web Site / Pc / Mobile :

Login :

Password :

Email :

Notes :

★ ★ ★ ★

Web Site / Pc / Mobile :
....

Login :
....

Password :
....

Email :
....

Notes :
....

....

★ ★ ★ ★

Web Site / Pc / Mobile :
....

Login :
....

Password :
....

Email :
....

Notes :
....

....

★ ★ ★ ★

Web Site / Pc / Mobile :
....

Login :
....

Password :
....

Email :
....

Notes :
....

....

Y

★ ★ ★ ★

Web Site / Pc / Mobile :

Login :

Password :

Email :

Notes :

★ ★ ★ ★

Web Site / Pc / Mobile :

Login :

Password :

Email :

Notes :

★ ★ ★ ★

Web Site / Pc / Mobile :

Login :

Password :

Email :

Notes :

★ ★ ★ ★

Web Site / Pc / Mobile :
....

Login :
....

Password :
....

Email :
....

Notes :
....

....

★ ★ ★ ★

Web Site / Pc / Mobile :
....

Login :
....

Password :
....

Email :
....

Notes :
....

....

★ ★ ★ ★

Web Site / Pc / Mobile :
....

Login :
....

Password :
....

Email :
....

Notes :
....

....

Z

★ ★ ★ ★

Web Site / Pc / Mobile :
....

Login :
....

Password :
....

Email :
....

Notes :
....

....

★ ★ ★ ★

Web Site / Pc / Mobile :
....

Login :
....

Password :
....

Email :
....

Notes :
....

....

★ ★ ★ ★

Web Site / Pc / Mobile :
....

Login :
....

Password :
....

Email :
....

Notes :
....

....

★ ★ ★ ★

Web Site / Pc / Mobile :
....

Login :
....

Password :
....

Email :
....

Notes :
....

....

★ ★ ★ ★

Web Site / Pc / Mobile :
....

Login :
....

Password :
....

Email :
....

Notes :
....

....

★ ★ ★ ★

Web Site / Pc / Mobile :
....

Login :
....

Password :
....

Email :
....

Notes :
....

....

★ ★ ★ ★

Web Site / Pc / Mobile :

Login :

Password :

Email :

Notes :

★ ★ ★ ★

Web Site / Pc / Mobile :

Login :

Password :

Email :

Notes :

★ ★ ★ ★

Web Site / Pc / Mobile :

Login :

Password :

Email :

Notes :

Made in the USA
Monee, IL
16 May 2023